SERVICE DES
PROJECTEURS DE CAMPAGNE

PROJECTEURS ET MATÉRIEL DE SIGNALISATION

MAI 1917

LAMPE DE POCHE

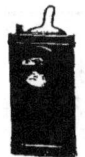

Poids : 0 kg 250

LAMPE DE MINE

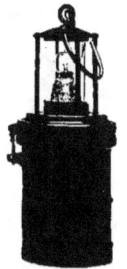

Poids : 2 kg 250

LAMPE DE SIGNALISATION

Poids : 0 kg 550

LAMPE DE SIGNALISATION EN SACOCHE

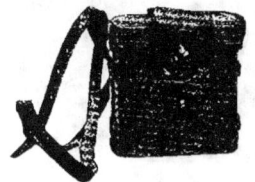

ids total avec pile de rechange dans la sacoche. 1 kg 170
Pour signalisation de nuit, à environ 2 kilomètres.
ployée spécialement pour commander la direction du faisceau des projecteurs

LANTERNE DE REPÉRAGE

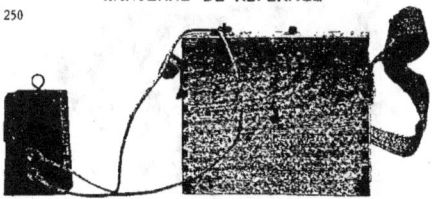

Poids { lanterne .. .. 0 kg 230
boite de pile. 2 kg 100

SIGNALEUR DE 14 c/m

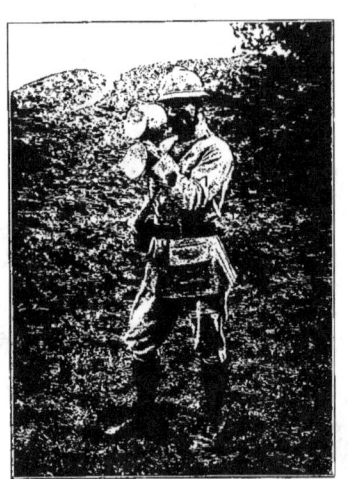 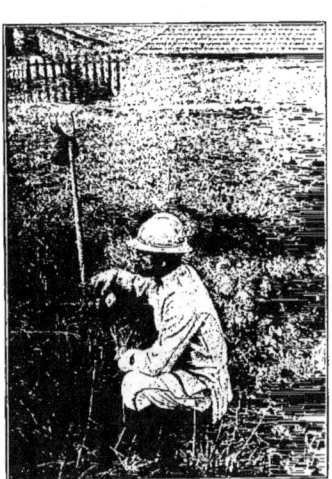

Poids { du signaleur seul. .. .. 0 kg 850
       { de la sacoche avec piles .. .. 2 kg 500
       { d'une caisse complète de 3 signaleurs. .. .. .. 21 kg

Portée moyenne de jour. .. .. 2 kilomètres

SIGNALEUR DE 24 c/m

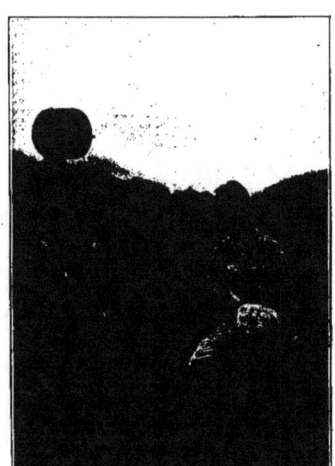
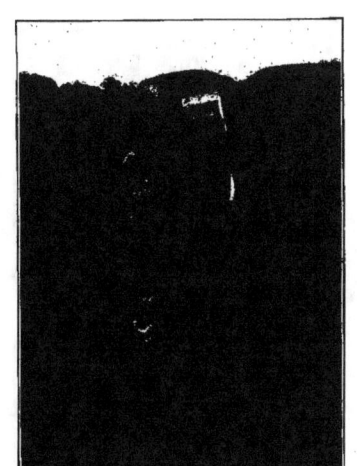

Poids { du signaleur seul .. .. 2 kg 300
       { des sacoches de piles avec ceinturon .. .. 5 kg 250

Portée moyenne de jour. .. .. 6 kilomètres

PROJECTEUR ÉLECTRIQUE
DE 35 c/m. TYPE B

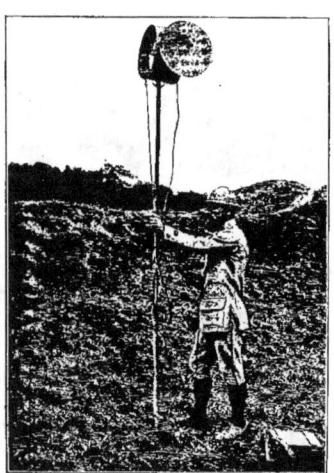

Éclairage des objectifs jusqu'à 300 mètres

Poids { du projecteur sur sa hampe. .. 9 kg 200
       de la batterie d'accumulateurs.. 20 kg
       du projecteur dans sa caisse .. .. 22 kg

PROJECTEUR OXYACÉTYLÉNIQUE
DE 35 c/m

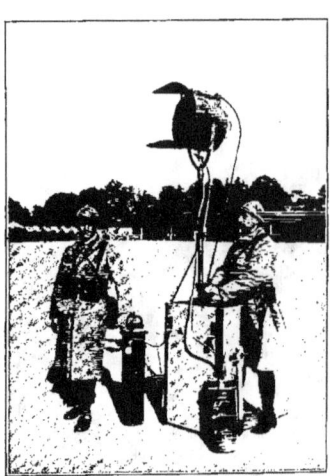

Éclairage des objectifs jusqu'à 300 mètres

Poids { du projecteur .. .. 14 kg
       du groupe générateur dans sa caisse .. 90 —

PROJECTEUR ÉLECTRIQUE DE 35 c/m
TYPE C

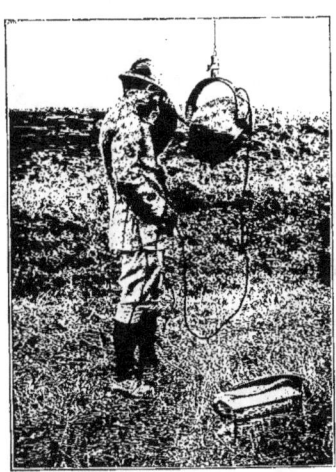

Pour signalisation à bord des ballons captifs

Poids { du projecteur.. .. .. 5 kg 600
       de la boîte de piles.. .. .. .. 8 kg 500
       du projecteur dans sa caisse, avec
       accessoires.. .. .. 17 kg

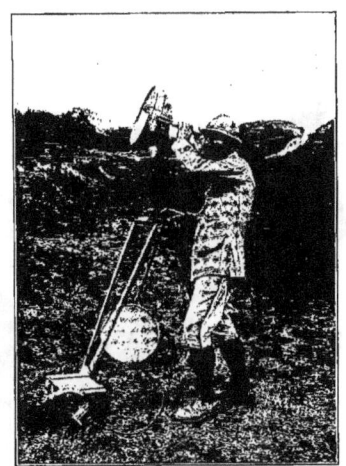

Signalisation aux avions, portée de jour : 10 km.

Poids { du projecteur. 5 kg 600, du trépied. 6 kg
       de la batterie d'accumulateurs. .. 20 kg
       du projecteur dans sa caisse, avec
       accessoires.. .. .. 17 kg

PROJECTEUR ÉLECTRIQUE DE 55 c/m A INCANDESCENCE

Éclairage des Objectifs jusqu'à 600 mètres — Signalisation de jour aux avions jusqu'à 15 kilomètres

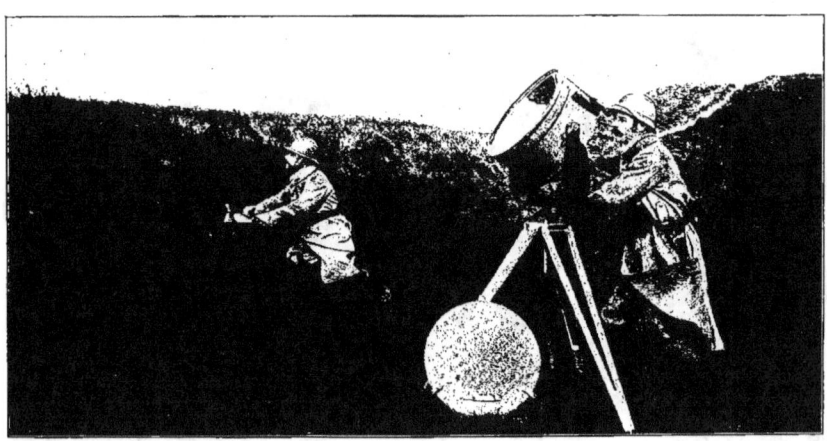

Poids
- Projecteur. 21 kg 500   Trépied. . . . . 7 kg
- Batterie de { 20 AH . . . . 22 —
- { 100 AH . . . . 80 —
- du Projecteur dans sa caisse avec lampes de rechange 60 —

PROJECTEURS PHOTO-ÉLECTRIQUES A ARC
DE 40, 60 ET 90 CENTIMÈTRES

CALIBRES	OBJECTIFS	PORTÉE	
		ŒIL NU	JUMELLE
40	Édifice (blanc)	1.700 mètres	2.000 mètres
	Personnel { groupe	800 —	1.200 —
	{ isolé..	600 —	800 —
60	Édifice (blanc)	2.500 mètres	3.500 mètres
	Personnel { groupe	1.000 —	1.500 —
	{ isolé..	700 —	900 —
90	Édifice (blanc)	3.000 mètres	3.900 mètres
	Personnel { groupe	1.200 —	1.900 —
	{ isolé..	800 —	1.200 —

PROJECTEUR PHOTO-ÉLECTRIQUE DE 40 c/m SUR BATS

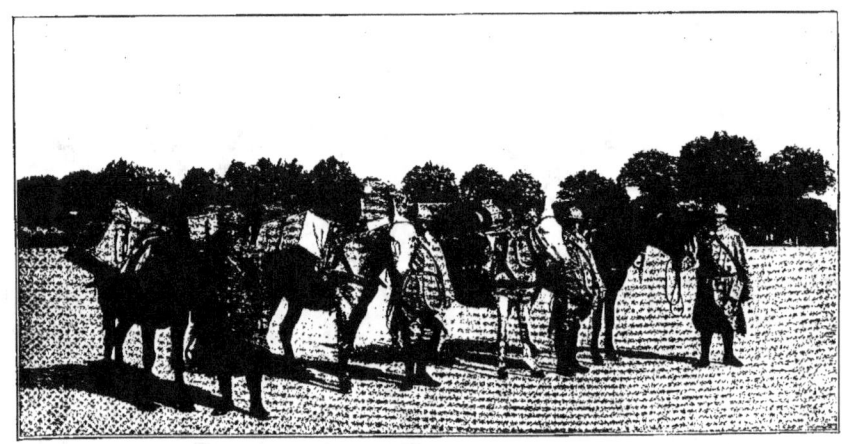

En ordre de route

Poids { du matériel par mulet .. .. 140 kg
       { d'un bât, environ. .. .. 37 —
                                    Total.. .. 177

PROJECTEUR PHOTO-ÉLECTRIQUE DE 40 c/m SUR BATS

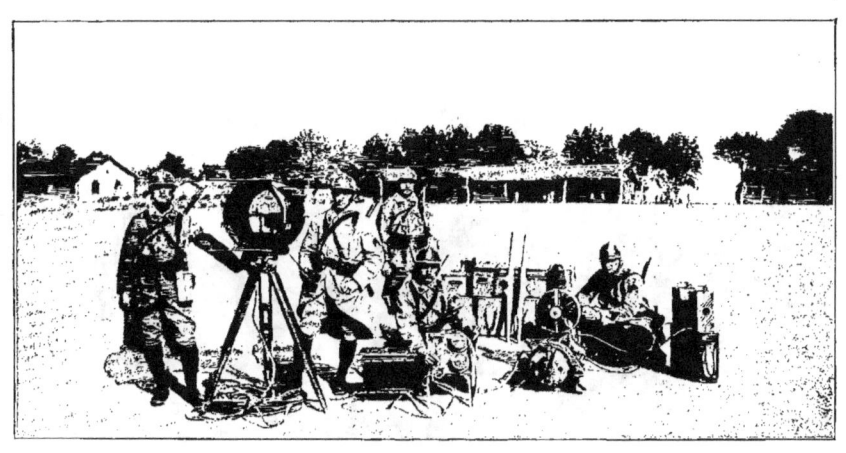

En fonctionnement

Poids { du projecteur avec trépied .. .. 82 kg
du moteur à essence .. .. 60 —
de la dynamo .. .. 86 —

APPAREIL PHOTO-ÉLECTRIQUE DE 60 c/m HIPPOMOBILE
A DEUX ROUES
AVEC PROJECTEUR ET GROUPE ELECTROGÈNE AMOVIBLES DU COMMANDANT BOCHET

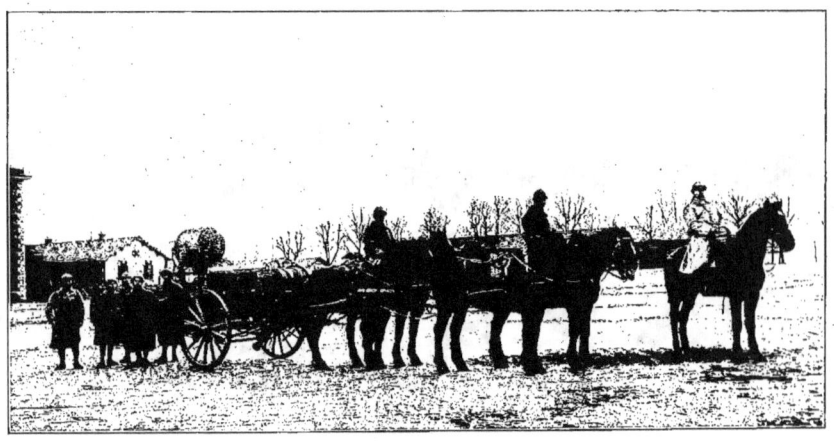

En ordre de marche

Poids du véhicule. .. .. 1.400 kg

APPAREIL PHOTO-ÉLECTRIQUE DE 60 c/m HIPPOMOBILE
A DEUX ROUES

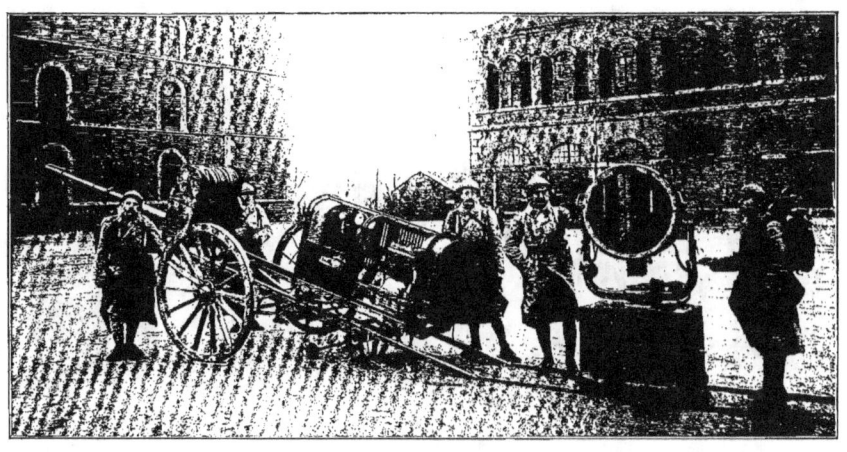

Déchargement du groupe

Poids { du groupe............................ 580 kg.
{ du projecteur sur chariot............ 210 kg.

APPAREIL PHOTO-ÉLECTRIQUE DE 60 c/m HIPPOMOBILE
A DEUX ROUES

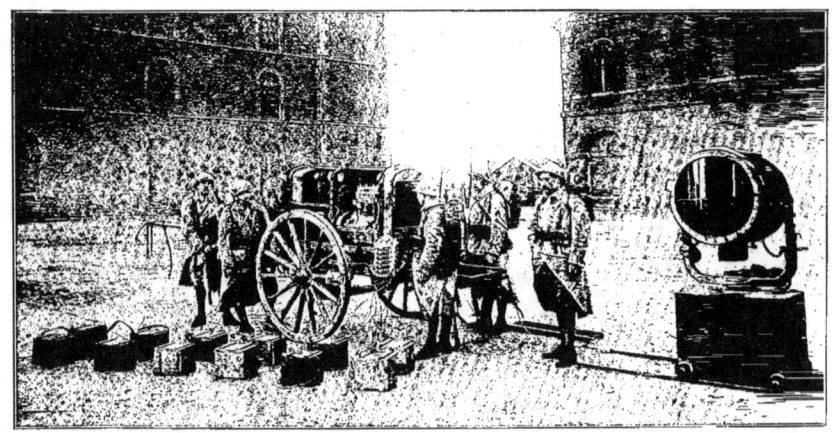

Charge de batteries d'accumulateurs de projecteurs électriques et à incandescence

PROJECTEUR PHOTO-ÉLECTRIQUE DE 60 c/m HIPPOMOBILE
A DEUX ROUES

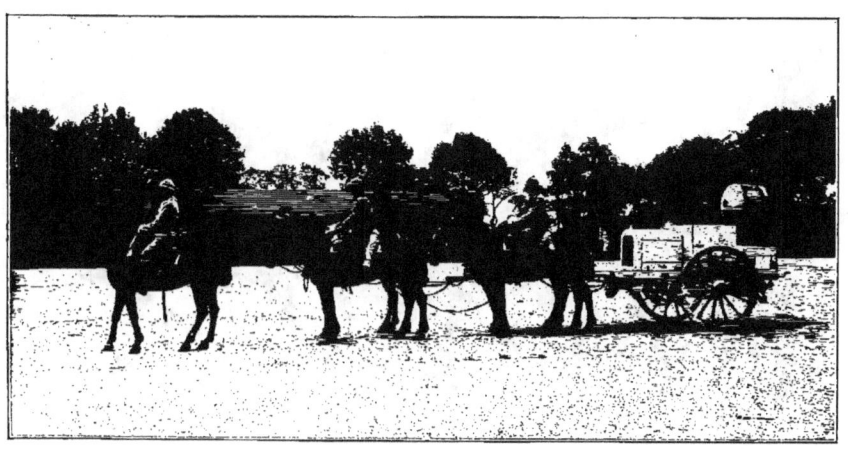

En ordre de marche

Poids du véhicule. .. .. 1.300 kg

PROJECTEUR PHOTO-ÉLECTRIQUE DE 60 c/m HIPPOMOBILE
A DEUX ROUES

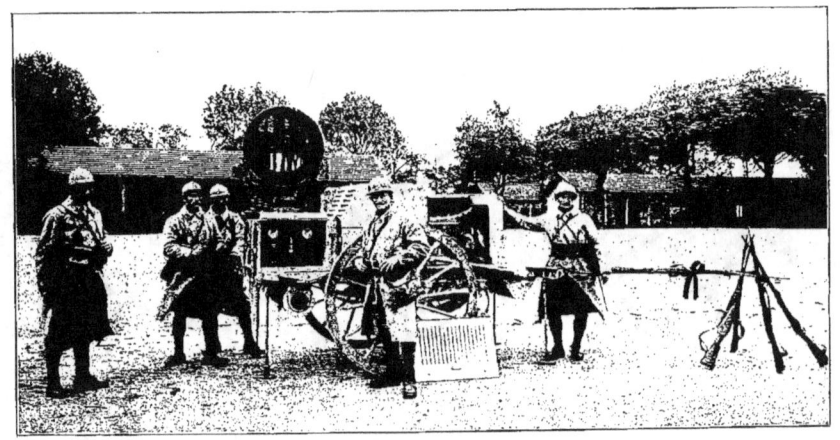

En fonctionnement sur la voiture

PROJECTEUR PHOTO-ÉLECTRIQUE DE 60 c/m HIPPOMOBILE
A DEUX ROUES

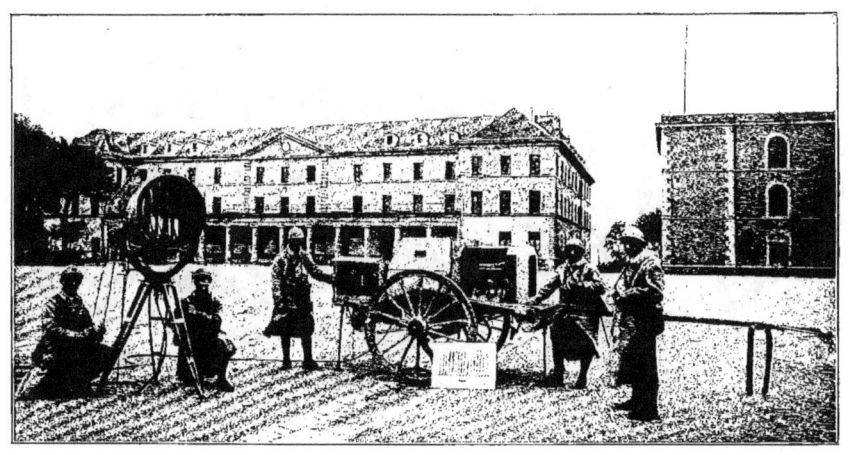

En fonctionnement, le projecteur à terre

Poids { du projecteur seul .. .. environ .. .. 150 kg
      { du trépied .. .. — .. .. 10 —

PROJECTEUR PHOTO-ÉLECTRIQUE DE 60 c/m HIPPOMOBILE
A QUATRE ROUES

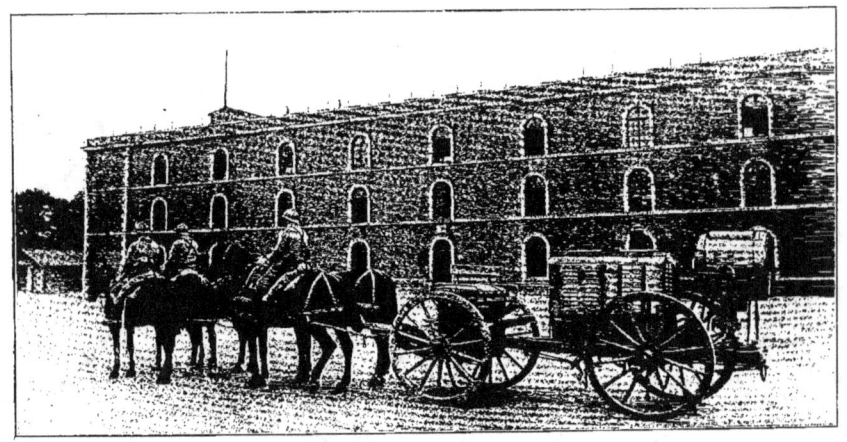

En ordre de route

Poids { de l'avant-train.. .. .. 700 kg
{ de l'arrière-train.. .. .. 1.000 —

AUTO-PROJECTEUR DE 60 c/m

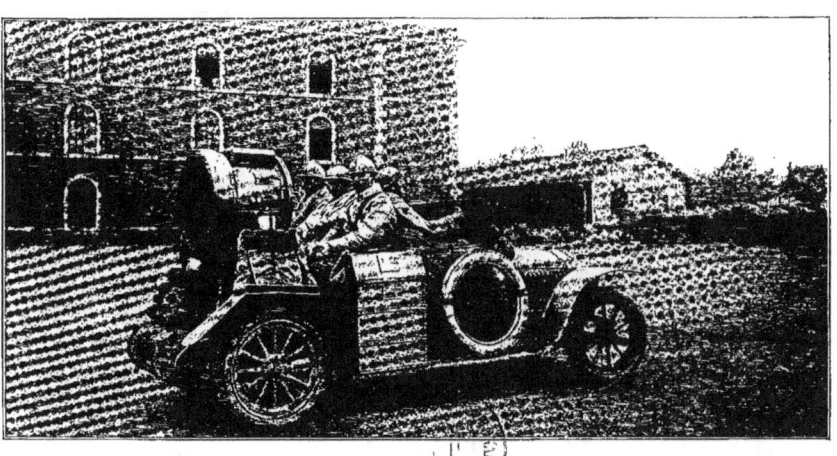

En ordre de route
Poids du véhicule avec 5 hommes.. .. .. 2.200 kg

AUTO-PROJECTEUR DE 60 c/m

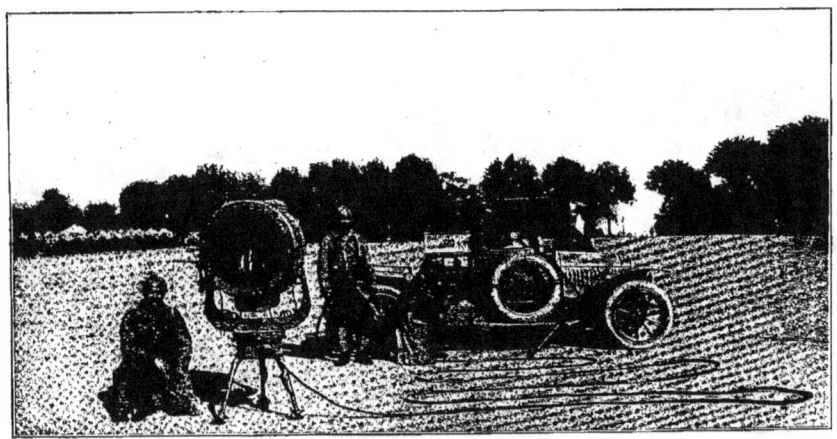

En fonctionnement, le projecteur à terre. — *Le projecteur est fréquemment employé sur la voiture*

Poids { du projecteur. .. .. .. environ. 150 kg
{ du trépied — 60 —

AUTO-PROJECTEUR DE 90 c/m
TYPE A COMMANDE DIRECTE DU COMMANDANT BOCHET

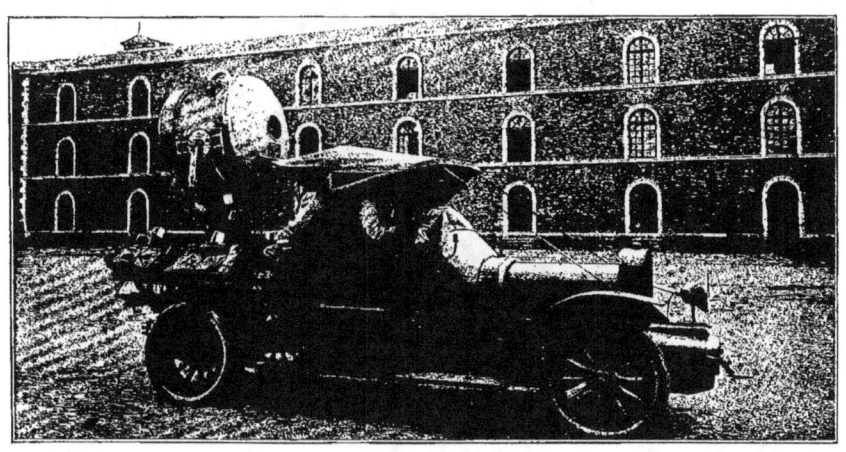

En ordre de route
Poids du véhicule avec 5 hommes.. .. .. 3.000 kg

AUTO-PROJECTEUR DE 90 c/m

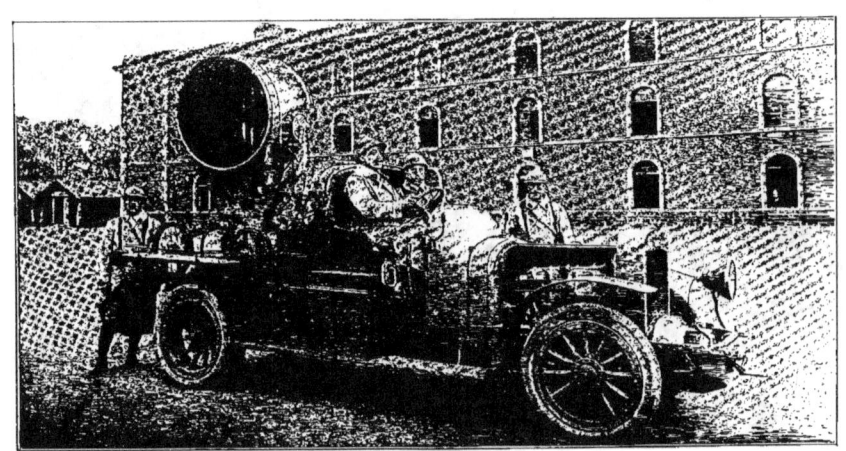

En fonctionnement sur la voiture

AUTO-PROJECTEUR DE 90 c/m

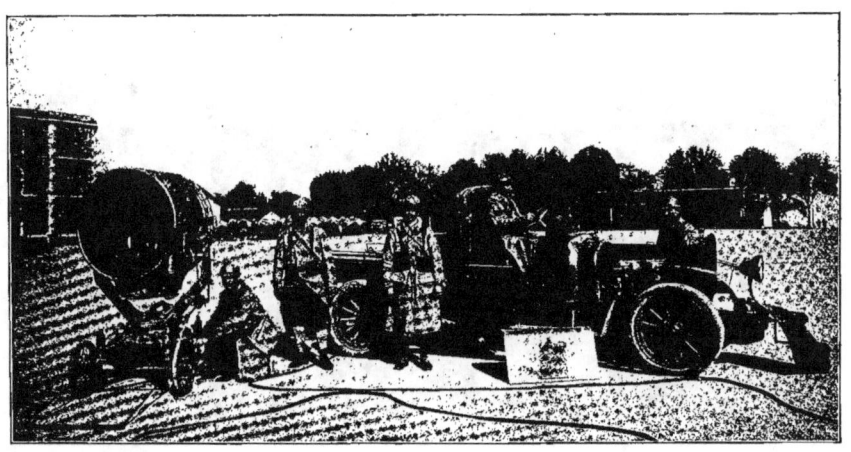

En fonctionnement, le projecteur à terre

AUTO-PROJECTEUR DE 90 c/m
AVEC REMORQUE POUR TERRAINS D'ATTERRISSAGE DE L'AVIATION

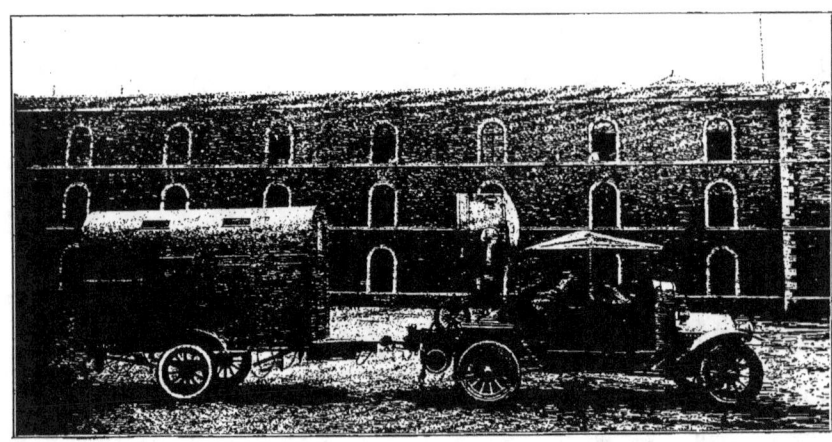

Poids { de la voiture avec 5 hommes.. .. .. 3.000 kg
{ de la remorque avec son chargement.. .. 1.500 —

PROJECTEUR DE 35 SUR AVION
AVEC ASSERVISSEMENT FUNICULAIRE DU COMMANDANT BOCHET

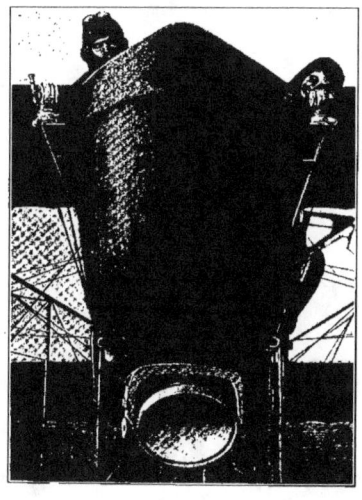
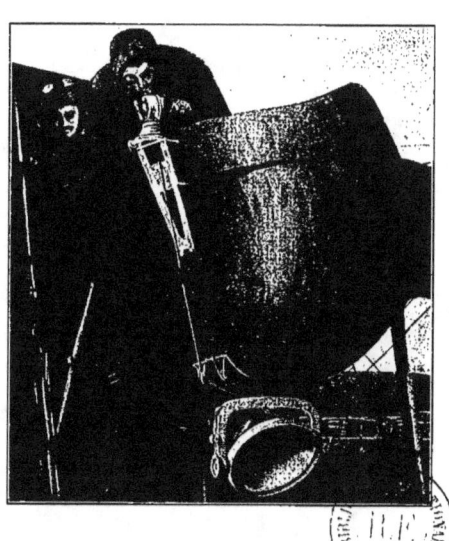

DRAEGER
IMP.
PARIS

www.ingramcontent.com/pod-product-compliance
Lightning Source LLC
Chambersburg PA
CBHW050038230526
45470CB00003B/1334